085000

IL CAPPELLO DA DONNA

Dopo il cappello da uomo, ecco ora q[uello] [da donna. Una varietà molto] più
ampia e fantasiosa di fogge e colori che ha seguito l'evoluzione del gusto femminile dalla fine dell'800 fino agli anni 60.

Il cappello, per la donna, ha sempre rappresentato un elemento di creatività, di femminilità e di eleganza. L'itinerario ha scelto, con meticolosa cura, i modelli più rappresentativi delle varie epoche percorse ed ha saputo dare una visione storica e d'insieme di questo accessorio così importante per il costume femminile.
Le belle foto a colori sono una documentazione di moda che si arricchisce per l'evidenza dei raffinati particolari. Suggestive immagini, da leggere con attenzione, per ripercorrere un periodo di costume durante il quale la donna, anche attraverso la scelta del suo 'copricapo', ha saputo manifestare un costante desiderio di esprimere il p[roprio]

D1331941

WOMEN'S HATS

After 'Men's Hats', here is the companion volume, with, by comparison, a much wider and more imaginative range of shapes and colours, according to the evolution of feminine tastes from the end of the 19th century until the Sixties.
A woman's hat has always been an element of creativity, femininity and beauty. This Itinerary presents a carefully-chosen selection of the most significant types, representing the fashion of successive ages, and therefore transmits an exceptional historical view of this accessory, so important in fashion for ladies.
The superb colour photographs form a fashion documentary, enriched by views of refined details.
Evocative images that can be perused with unflagging interest, images that follow a period of fashion in which women displayed a constant desire to express their style of life, by means of, amongst other things, their choice of hat.

Referenze fotografiche
Le fotografie sono di Francesco Panunzio.

Grafica / *Graphic*
Luca Pratella / Fiorella Baserga
Traduzione / *Translation*
Johannes Henry Neuteboom

© BE-MA EDITRICE, Milano 1988
Via Teocrito, 50 - 20128 Milano

Fotocompsizione / *Filmset by:* Primavera - Milano
Fotolito / *Colour reproduction by:* FGM - Color System
Stampa / *Printed by:* Colora - Lodi (Mi)

Itinerari d'Immagini n° 30
2ª edizione 1994
Second edition 1994

ISBN 88 - 7143 - 086 - 7
Stampato in Italia / *Printed in Italy*
Autorizzazione del Tribunale di Milano n° 190 del 6/3/87

Itinerari d'immagini

IL CAPPELLO DA DONNA

WOMEN' HATS

Adele Campione

BE-MA Editrice

Cappello da amazzone in feltro velour grigio tortora; intorno alla cupola piuttosto alta, preziosa sciarpa di seta grigia lavorata a rete nella sua parte centrale e fissata da una fibbia In metallo brunito.
Un modello in voga soprattutto grazie alla passione per l'equitazione di Elisabetta d'Austria e di Eugenia, moglie di Napoleone III (Coll. Gallia e Peter).

Amazon hat in turtle-dove grey velour felt: around the fairly high crown there is a lovely grey silk scarf, laceworked in the centre and held by a burnished metal buckle.
This was a fashionable model above all because of the passion for riding nurtured by Elizabeth of Austria and Eugenia, wife of Napoleon III (Coll. Gallia and Peter).

Cappello di paglia di Firenze intrecciata; la delicatezza del verde pastello è posta in risalto dalla guarnizione di boccioli e roselline gialle e dal nastro di faille color crema. In colori più scuri, le paglie si portano anche d'inverno (Coll. Gallia e Peter).

Hat made of woven Florentine straw: the delicacy of the pastel green is set off by the yellow roses and buds, and the cream colour faille ribbon. In darker colours, straw hats were also worn in winter (Coll. Gallia and Peter).

Da "La Modiste Universelle", luglio 1880.

From "La Modiste Universelle", July 1880.

Paglia di Firenze verdina a cupola rotonda e grande ala completamente ricoperta da piume di struzzo, fiori di seta, nastri di faille moirée nei toni del rosa, del verde e del giallo oro (Coll. Gallia e Peter).

Green Florentine straw hat with round crown and wide brim, completely covered with ostrich plumes, silk flowers, faille moirée ribbons in shades of rose, green and yellow-gold (Coll. Gallia and Peter).

Da "La Saison", ottobre 1891: sei modelli per l'autunno-inverno.

From "La Saison", October 1891: six models for autumn-winter.

Feltro verde salvia drappeggiato; nastri di faille annodati a fiore sbocciato e penne a coltello bianche e nere. Veletta al mento marrone dorato (Coll. Gallia e Peter).

Draped sage-green felt; faille ribbons knotted to newly-opened flowers, with black and white feathers. Gilded brown veil at the chin (Coll. Gallia and Peter).

Da "La Saison", agosto 1893. Una serie di cappellini di paglia per ogni occasione della giornata. La paglia di maggior pregio è quella italiana; seguono l'inglese, la svizzera e la cinese (Coll. Gallia e Peter).

From "La Saison", August 1893. A series of straw hats for every moment of the day. The most highly-prized straw hat was Italian; followed by the English, Swiss and Chinese versions (Coll. Gallia and Peter).

Cappello di paglia naturale con sotto ala guarnito da un tralcio di rose; intorno alla cupola e al bordo dell'ala, tre ruches di tulle operato. Usava fin dal 1830, lo prova una delicata miniatura di C. Hampeln conservata al Museo Russo.

Capote di pagliazzone con ala piccola e rialzata che trattiene un grande fiocco a righe nere e oro; al centro, rose gialle e bianche (Entrambi Coll. Gallia e Peter).

Natural straw hat with the underside of the brim ornamented with a sprig of roses; around the crown and at the edge of the brim are three ruches of worked tulle. Used as early as 1830, as shown by a delicate miniature by C. Hampeln in the Russian Museum.

Rough straw capote with narrow raised brim holding a large bow of black and gold stripes; in the centre, yellow and white roses (Both Coll. Gallia and Peter).

Magiostrina di paglia di legno guarnita da un alto nastro di seta operata blu e da un piquet di frutta e fiori. Veletta colorata (Coll. Gallia e Peter).

Wood straw boater trimmed with a wide worked blue ribbon and a piquet of fruit and flowers. Coloured veil. (Coll. Gallia and Peter).

Da "L'eco della Moda", settembre 1896. Il cappello è minuziosamente descritto: "tondo, ad ala piatta bordata doublée.
Decorazioni di nastri a coltelli e a fiocco rigido, fiori in colori assortiti a quelli dell'abito".

From "L'eco della Moda" (The Echo of Fashion), September 1896. The hat is described in minute detail: "round, flat brim with doublée edging. Decorated with ribbons and rigid bow, flowers in assorted colours according to the dress".

Modello in velluto nero a grande ala piatta guarnita di tulle di seta, foglie di madreperla e ciniglia, frutta, fiori e aigrettes (Coll. Gallia e Peter).

Black velvet cloche with large flat brim, ornamented with silk tulle, leaves of mother-of-pearl and braid, fruit, flowers and aigrettes (Coll. Gallia and Peter).

Trine ad ago.

Lacework.

Figura 78.

Cappello bianco da campagna con cupola intrecciata a giorno; nastro e ala di organza di seta con applicazioni di trina ad ago.
E' testimoniato l'uso di questo cappello come modello da tennis (Coll. Gallia e Peter).

White hat for the country with crown woven "à jour", silk organdie ribbon and brim, with lacework trimming. There is evidence to show that this hat was a model used for tennis (Coll. Gallia and Peter).

Guarnizioni di piume per cappelli. La mania del cappello piumato femminile si riacutizza nel XIX secolo; la tassidermia si perfeziona e in modisteria si arriva ad impiegare interi uccellini imbalsamati (Coll. Gallia e Peter).

Ornamental feathers for hats. The craze for women's feathered hats reached a peak in the 19th century: taxidermy was perfected, and in fashion, even entire stuffed birds were used (Coll. Gallia and Peter).

Guarnizioni di piume create da ACHILLE ANCORA

Grande cappello di tulle nero ricoperto di piume di struzzo nere e rosa, nastri e fiori di seta, foglie di velluto. In quest'epoca l'interesse è focalizzato sull'ala, che deve essere grande e piatta; la linea è orizzontale. L'ala si può rialzare posteriormente (Coll. Gallia e Peter).

Large hat in black tulle, covered with black and pink ostrich feathers, silk ribbons and flowers, and leaves of velvet. During this period the focal point of interest was on the brim, which had to be wide and flat, with horizontal styling. At the back the rim was often raised (Coll. Gallia and Peter).

Risente ancora del gusto per la linea orizzontale del precedente decennio questo cappello di velluto marrone dorato, a cupola piatta, ala ricoperta da piume di struzzo nei toni beige-marrone e rosa tenue-lilla. Una grande penna ricurva, marrone, ricade lateralmente.
(Coll. Gallia e Peter).

This hat retains the horizontal lines preferred during the previous decade: it is made in gilded brown velvet, with flat crown and the brim covered with ostrich feathers in shades of beige-brown and light pink-lilac. A large curving feather droops to the side.
(Coll. Gallia and Peter).

Una giornata Anni Dieci. Foulard per andare in macchina di velluto cangiante nero-rosso; cappello tipo amazzone, da pomeriggio, in chiffon di seta decorato a rombi pieghettati e guarnito di passamaneria e veletta a maglie di due tipi; calottone da visita di tulle malines con alta fascia di aigrettes nere. Lo spillone laccato termina con un'ametista viola (Coll. Gallia e Peter).

A Day in the 1910's. For a ride in the car, a scarf in blackred iridescent velvet; Amazon-type hat for the afternoon, in silk chiffon decorated with pleated diamonds and trimmed with lacework and veil with two types of net; for visiting, a calotte in tulle malines with a wide band of black aigrettes. The lacquered pin is headed with a violet amethyst (Coll. Gallia and Peter).

Berretto in feltro a pelo lungo con grande ala semicircolare rialzata di lato; un ciuffo di aigrettes arricchisce la gala piatta di velluto beige.
Cappellino di velluto viola a intarsio con piquet di piume di uccello del paradiso e prezioso spillone con ametista.
I due modelli enfatizzano la calotta a sfavore dell'ala.
(Coll. Gallia e Peter).

Long-hair felt cloche hat with large semi-circular brim, turned up at the side; a bunch of aigrettes enlivens the flat bow in beige velvet.
Small cloche in decorative violet velvet, with a sprig of bird-of-paradise feathers and a precious pin with amethyst.
The two cloche hats put the emphasis on the crown to the detriment of the brim (Coll. Gallia and Peter).

Cappello da pomeriggio di velluto nero, piccola ala piatta e guarnizioni di nastro di seta operata, ciuffi di aigrettes e piume di uccello del paradiso (Coll. Gallia e Peter).

Black velvet cloche hat, small flat brim with trimmings of worked black silk sprigs of aigrettes and bird-of-paradise feathers (Coll. Gallia and Peter).

Da "Le Style Parisien" del 1917.

From "Le Style Parisien", 1917.

Tricorno in felpa marrone a cupola schiacciata con guarnizione a V di aigrettes (Coll. Gallia e Peter).

Tricorn in brown plush with flattened crown, and veeshaped decoration of aigrettes (Coll. Gallia and Peter).

Ricade sugli occhi, ricopre la fronte: è una raffinata toque di feltro marrone dal bordo rivestito di piumette di struzzo dipinte a mano in colori pastello, dorate lungo le venature e intercalate da gruppetti di semi, germogli e bacche in raso di seta nelle stesse tonalità delle piumette. (Coll. Gallia e Peter).

It falls over the eyes, and covers the forehead: a refined toque in brown felt with brim covered with small ostrich feathers hand-painted in pastel colours, gilded along the shafts and interposed with groups of seeds, buds and berries in satin of the same shade as the feathers. (Coll. Gallia and Peter).

Fascia rigida di raso color piombo con drappeggio in jersey laminato; decorazione asimmetrica di piume di uccello del paradiso rosa carico fissata da uno spillone in argento e strass (Coll. Gallia e Peter).

Rigid band of lead-colour satin with drapes in jersey lame; assymetric decoration with dark pink bird-of-paradise feathers held in place by a silver and beaded pin. (Coll. Gallia and Peter).

Cloche marrone glacé di maglina di paglia cucita; ala doppia rialzata, nastro doppio in canneté.
(Coll. Gallia e Peter).
Cloche in feltro velour marrone scuro con 4 giri di impunture in seta; ala rialzata (Coll. Usuelli-Borsalino).

Marron glacé cloche hat in sewn straw mesh: double raised brim, double ribbon in canneté (Coll. Gallia and Peter).
Cloche in dark brown velour velvet with three rows of silk backstitching: raised brim (Coll. Usuelli-Borsalino).

Berretto di velluto marrone impunturato con due pompons laterali, in tinta, di piume di struzzo (Coll. Usuelli-Borsalino).
Toque di piccole piume di struzzo, arricciate, con lunga piuma laterale (Coll. Gallia e Peter).

Beret in brown velvet with backstitching and two pompons of the same shade at the side in ostrich feathers (Coll. Usuelli-Borsalino).
Toque of small pleated ostrich feathers with a large feather at the side (Coll. Gallia and Peter).

Fascia di crine rivestita di tulle nero ricamato a rombi di jais; crosse centrale di uccello del paradiso fissata da un fermaglio semi-prezioso (Coll. Gallia e Peter).

Crine bandeau covered with black tulle embroidered with jais diamonds; central crosse of bird-of-paradise feathers fixed with a semi-precious buckle (Coll. Gallia and Peter).

Cloche di feltro rasato blu; sul davanti, un'aletta. Un lato è decorato da 5 nervature e da un fiocco piatto trattenuto da una fibbia di strass (Coll. Gallia e Peter).

Cloche hat in blue satin felt, with a small brim at the front. One side is decorated with 5 ribs and a flat bow held by a glass-bead buckle (Coll. Gallia and Peter).

Cloche di feltro grigio perla con motivo centrale a coda di rondine in feltro bordeaux (Coll. Gallia e Peter).
Toque nera di paglia di Bangkok con bordo di raso nero, foglie e fiore di velluto rosso, veletta nera a quadratini di ciniglia rossa. Un modello di Cornelia Peter, che si è trasferita da Torino a Milano (Coll. Gallia e Peter).

Cloche hat in pearl-grey felt with a swallow-tail central motif in Bordeaux felt (Coll. Gallia and Peter).
Black toque in Bangkok straw with black satin edging, red velvet leaves and flowers, black veil with braided silk check. A model by Cornelia Peter, who moved from Turin to Milan (Coll. Gallia and Peter).

Variante del modello "elmetto" in paglia naturale con motivi di foglie lanceolate ottenuti a impunture nere; sotto ala e piccolo fiocco laterale in paglia cucita nera (Coll. privata).

A variant of the "helmet" model in natural straw with a motif of lanceolate leaves made by black backstitching; underbrim and small bow at the side are in black sewn straw (Private collection).

Tre modelli che rispecchiano la recessione economica.
Cuffia nera di feltro e raso artificiale con grande nodo
piatto sulla nuca, imitazione di un modello Camille-Roger di due anni prima (Coll. Gallia e Peter).
Cappellino di gros-grain nero, piccola ala piatta decorata
da un lungo nodo di paglia bianca (Coll. Gallia e Peter).
Baschetto Borsalino realizzato, in feltro, con le rifilature
d'ala ("tagliatelle") dei cappelli da uomo (Coll. Usuelli-
Borsalino).

Three models that mirror the economic recession.
Black bonnet in felt and artificial satin with large flat knot
at the base of the neck: an imitation of a Camille-Roger
model from two years previously (Coll. Gallia and Peter).
Small black gros-grain hat, small flat brim decorated with
a long knot of white straw (Coll. Gallia and Peter).
A beret by Borsalino made in felt, using the offcuts of the
brim ("tagliatelle") of men's hats (Coll. Usuelli-Borsalino).

Toque in taffetas rosso e nero con motivo geometrico creato dal fiocco bicolore.
Turbante a cono in taffetas matelassé rosso cardinale.
(Entrambi Coll. Gallia e Peter).

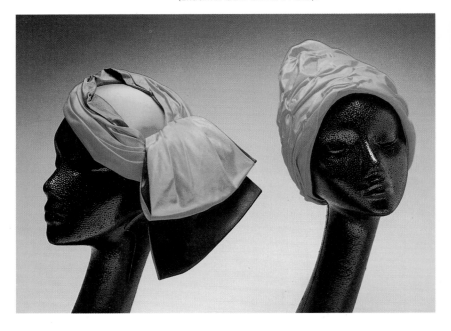

Toque in red and black taffetas with a geometric motif created by the two-colour bow.
Cone-shaped turban in cardinal-red taffetas matelassé.
(Both Coll. Gallia and Peter).

Pamela in paglia esotica con parti laterali della calotta, nastro e sotto ala in raso di seta blu. E' un cappello da giorno di linea quasi Rose Descat o nello stile di Cecil Beaton (l'ala è infatti leggermente ondulata).
(Coll. Gallia e Peter).

Pamela in exotic straw, with blue satin used for the side of the calotte, band and under-brim. This is a day-hat whose lines are virtually Rose Descat, or in the style of Cecil Beaton (in fact the brim is slightly wavy).
(Coll. Gallia and Peter).

Piccola cloche Borsalino in feltro marrone dorato lavorato a strisce con effetto di lucido-opaco. Importante guarnizione: un uccellino imbalsamato dal piumaggio nei toni celeste-blu, beige-marrone (Coll. Usuelli-Borsalino). Un ciuffo di piume legato da un gruppetto di nocciole decora questa cloche che può anche essere portata senza guarnizioni (Coll. Usuelli-Borsalino).

Small Borsalino cloche hat in gilded brown felt, worked in stripes with a shiny-opaque effect. Imposing ornamentation: a stuffed bird with celeste-blue and beige-brown plumage (Coll. Usuelli-Borsalino). It is not fixed, and can be substituted by a sprig of feathers tied with a group of nuts. The cloche hat could also be worn without decoration (Coll. Usuelli-Borsalino).

Feltro velour blu, calotta posteriore ben sagomata e aderente, ala rialzata e lavorata a fiocco stilizzato: nodo piatto laterale. Per il cappello, gli anni folli sono questi, gli Anni Trenta. Non esistono linee dominanti, ma il principio: originalità, invenzione, diversificazione ad ogni costo. (Coll. Gallia e Peter).

Blue velour felt, well-profiled, closely-fitting rear calotte, raised brim decorated with stylized bows; flat knot at the side. These are the years in which the hat reached the heights of madness, the Thirties. There were no dominant styles, but only the principles: originality, invention, diversity at all costs.
(Coll. Gallia and Peter).

Feltro velour nero del tipo cloche francese Anni Venti con aletta curvilinea, verticale, sovrapposta. Modello che trova conferma nelle creazioni di Louise Bourbon, Maria Guy, Harrods (Coll. Gallia e Peter).

Twenties-type cloche hat in black velour felt with curving, vertical, superimposed brim. A model that found confirmation in creations by Louise Bourbon, Maria Guy and Harrods (Coll. Gallia and Peter).

Feltro velour nero, ala rialzata e arricciata al centro, fiocco di veletta e piumine di uccello del paradiso; spillone di bachelite e strass, veletta al mento. (Coll. Gallia e Peter).

Black velour felt, raised brim that is pleated at the centre, net bow and bird-of-paradise feathers; pin in bakelite and glass beads, small veil at the chin (Coll. Gallia and Peter).

Turbante in jersey di lana color rubino raccolto da un fiocco al centro della fronte (Coll. Usuelli-Borsalino).
Magiostrina di feltro nero; ala piatta rivestita fino al bordo da canneté plissettato. Al centro, fiocco trattenuto da spilloni in finta tartaruga blonde (Coll. Gallia e Peter).

Turban in ruby-coloured wool jersey, held by a bow at the centre of the forehead (Coll. Usuelli-Borsalino).
Black felt "magiostrina"; flat brim, covered up to the edge in pleated canneté. At the centre, a bow is held by pins of imitation blonde tortoise-shell.
(Coll. Gallia and Peter).

Berretto formato da una spirale di feltro nero orlata di velluto di seta. Spilla con montatura alla russa in argento e marcassite (Coll. Usuelli-Borsalino).

Beret formed by a spiral of black felt edged in black silk. Pin with mount "à la Russe" in silver and marcassite (Coll. Usuelli-Borsalino).

Turbante terminante a torre in velluto di seta nero; guarnizioni di aigrettes color acqua montate su ricamo di jais, perle e strass (Coll. Gallia e Peter).

Turban ending in a tower, in black silk velvet; ornamented with water-coloured aigrettes mounted on jais embroidery, pearls and glass beads (Coll. Gallia and Peter).

Cappellino piatto, di linea tondeggiante, di paglia operata. Guarnizione di frutta e piume di struzzo. La veletta può essere avvolta intorno al viso o rovesciata all'indietro. Una barrette di velluto fissa questo piattino di paglia al capo (Coll. privata).

Flat hat of rounded lines, made of worked straw. Decorated with fruit and ostrich feathers . The veil can be wound around the face or turned back. A barrette of velvet fixes this small straw hat to the head (Private collection).

Cloche di tulle malines con ala ovale ricoperta di aigrettes nere. Linea ed effetto di calotta senza fondo si rifanno ai modelli di Maria Guy. (Coll. Gallia e Peter).

Cloche hat in tulle malines with oval brim covered with black aigrettes. The design and the effect of cloche hat with no base derives from models by Maria Guy. (Coll. Gallia and Peter).

Due cloches di feltro a cupola alta derivate da un modello sportivo di uso corrente e di ispirazione austriaca, già molto in voga verso la seconda metà degli Anni Trenta.
Il primo, a tesa larga, è ornato da un alto nastro di grosgrain in tinta (Coll. privata).
Il secondo, a cupola quasi conica e ala più larga, è guarnito da un nastro di feltro grigio annodato al centro senza fiocco.

Two felt cloche hats with high crown, deriving from a sporting design used at the time that was itself Austrian-inspired and very much in fashion during the second half of the Thirties.
The first, with wide brim, is decorated with a wide grosgrain band of matching shade (Private collection).
The second, with an almost conical crown and a wider brim, is decorated with a ribbon of grey felt knotted at the centre, without bow.

Paglia esotica e pagliazzone lavorato a macramé con bordo orlato di gros-grain. Il pizzo di paglia circonda la cupola e termina con un motivo ad ala d'uccello sottolineato da una gardenia. I materiali pregiati incominciano a scarseggiare; solo un anno fa si sarebbe potuta usare una vera ala di uccello o una guarnizione in piume vere. (Coll. Gallia e Peter).

Exotic and rough straw, macramé-worked with gros-grain edging. The straw lacework surrounds the crown and ends in a birdwing motif, emphasized by a gardenia. Valuable materials were beginning to become scarse: only a year earlier it would have been possible to use a real bird's wing or decorations of real feathers (Coll. Gallia and Peter).

Pagliazzone fantasia guarnito di frutta, lunga penna blu, veletta appoggiata all'ala piatta e breve. Un cappello estivo che va di moda dal 1939 (Suzy, Agnès, Legroux Soeurs) (Coll. Gallia e Peter).

Decorated rough straw ornamented with fruit, a long blue feather, with a veil resting on the flat, narrow brim. A summer hat in fashion from 1939 (Suzy, Agnès, Legroux Soeurs) (Coll. Gallia and Peter).

67

"Pianoforte", toque piatta e ala a strisce alternate di raso bianco-velluto nero (Coll. Gallia e Peter).

"Pianoforte", flat toque with brim in alternating stripes of white satin and black velvet (Coll. Gallia and Peter).

Turbantino di velluto e raso in due toni di grigio; "burlone" rigido che allude alla pettinatura con rotolo sulla
fronte e capelli lunghi fino alle spalle; si pettina così anche Alida Valli (Coll. Gallia e Peter).

*Velvet and satin turban in two shades of grey: rigid "joker"
alludes to the hairstyle featuring a curl on the forehead
with shoulder-length hair: Alida Valli, amongst others,
used this style (Coll. Gallia and Peter).*

I cappelli autarchici: Primavera - Estate.
Finta cagoule nera, drappeggiata, di maglia di seta artificiale fermata da una ciambella di maglia bianca a righe di passamaneria nera.
Turbante di seta artificiale a pois, in bianco-nero, nero-bianco (Coll. Gallia e Peter).

Autartichic hats spring/summer.
Imitation black cagoule, draped, in artificial silk net held by a ring of white mesh with lines of black braid.
Polka-dot turban in artificial silk, in black-white and white-black (Coll. Gallia and Peter).

I cappelli autarchici: Autunno - Inverno.
Tre foulards in jersey di lana, uno nero, uno marrone e uno blu con semplicissime guarnizioni (Coll. Usuelli-Borsalino).

Autarchic hats: fall - winter.
Three foulards in wool jersey, one black, one brown and one blue with very simple trimmings (Coll. Usuelli-Borsalino).

Cappellino di forma quasi circolare di velluto di seta nero; sovrapposta, un'ala di velluto intersecata da una lunetta di raso nero. Fiore d'argento e strass adagiato lungo il gambo (Coll. Gallia e Peter).

An almost circular hat in black silk velvet; it has a superimposed brim of velvet with a lunette of black satin. Silver flower and beads set along the stem (Coll. Gallia and Peter).

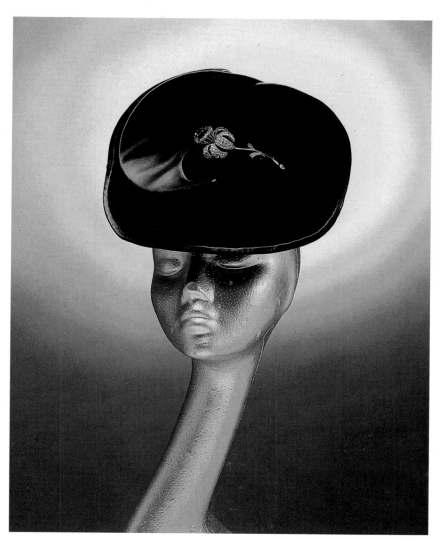

Toque di maglina di paglia cucita rossa guarnita da un fiore di organza bianca a pois rossi, da frutta e da foglie. Toque nera di maglina di paglia cucita a motivi circolari, guarnizione di foglie e fiori di seta nelle tonalità dal beige al rosa e dal rosso al viola (Coll. Gallia e Peter).

Toque in fine-woven red straw, stitched, and trimmed with a flower of white organdie with red polka-dots, fruit and leaves.
Black toque in fine-woven straw, sewn in circular motifs, trimmed with silk leaves and flowers in shades from beige to pink, and from red to violet (Coll. Gallia and Peter).

Di grande effetto questo cappello nero dalla calotta in pai-
lettes e grande ala di tulle malines a più strati. Per strano
che sembri, Modigliani ne dipinse uno uguale, nel 1907,
in "Testa di donna con cappello" (Coll. Gallia e Peter).
Berretto-turbante a pan di zucchero in velluto di seta cerise leggermente drappeggiato (Coll. Usuelli-Borsalino).
Quasi un turbante-pagoda di Gilbert Orcel; quasi un ca-
lanés, il cappello maschile andaluso (Balenciaga, spa-
gnolo, tiene banco a Parigi dal 1937).

*A very striking black hat with the calotte in paillettes and
a wide brim of tulle malines in several layers. Though it
may seem strange, Modigliani painted an identical hat in
1907, in "Head of a Woman with Hat" (Coll. Gallia and
Peter).
"Sugarloaf" beret-turban in cerise silk velvet lightly
draped (Coll. Usuelli-Borsalino). Almost a turban-pagoda
by Gilbert Orcel; almost a calañes, the Andalusian man's
hat (Balenciaga, Spanish, worked in Paris from 1937 on).*

Pagoda in maglina di paglia cucita color sabbia, azzurro e blu trattenuta sulla nuca da una barrette blu. (Coll. Gallia e Peter).

Pagoda in sand, celeste and blue-colour sewn fine-woven straw, held to the back of the head with a blue barrette. (Coll. Gallia and Peter).

Grande balibunta dall'ala ricoperta da penne di struzzo glicerate e guarnita con un bouquet di cinz e velluto. (Coll. Gallia e Peter).

Large "balibunta" with brim covered with glycerined ostrich feathers and trimmed with a bouquet of chintz and velvet (Coll. Gallia and Peter).

Toque a foglie di velluto color fucsia legata sotto il mento da una sciarpa di veletta di seta nera con bordo a co-
rolle di ciniglia.
Toque di velluto di seta nero guarnita con foglie di velluto fucsia e veletta nera con applicazioni di piccoli fiori di tulle. Ritornano di moda i fiori artificiali; specialista
a Parigi è Trousselier; a Milano, la Bresciani.
(Entrambi Coll. Gallia e Peter).

*Toque in leaves of fuchsia-coloured velvet, tied under the
chin by a scarf of black silk veil, edged with chenille petals.
Toque in black silk velvet, trimmed with fuchsia velvet
leaves and black veil, with small tulle flowers attached.
The fashion of artificial flowers was returning: the specia-
list in Paris was Trousselier; in Milan, Bresciani.
(Both Coll. Gallia and Peter).*

Caschetto a 4 punte di piume di struzzo marrone e toque di piume di struzzo color miele. A Parigi il "plumed look" è di moda già da un paio d'anni.
(Entrambi Coll. Gallia e Peter).

Four-pointed casquette in brown ostrich feathers, and toque of honey-coloured ostrich plumes. In Paris the "plumed look" had already been in fashion for a couple of years (Both Coll. Gallia and Peter).

Cloche senza ala di velluto verde acqua con grande corolla di fiore sbocciato sulla nuca. Una originale inter-
pretazione dei piccoli cappelli di Dior.
Turbante a torre di velluto di seta nero con alto bordo matelassé. Molto stile Lanvin, ma anche Schiaparelli 1939.
(Entrambi Coll. Gallia e Peter)

*Brimless cloche hat in water-green velvet, with a large
blossoming corolla at the back of the head. An original
interpretation of Dior's small flowered hats.
Tower-turban in black silk velvet with wide matelassé edge.
Very much in the style of Lanvin, but also Schiaparelli of
1939 (Both Coll. Gallia and Peter).*

Toque nera di maglina di paglia cucita, guarnita da un grande fiocco di cinz verde mela e da un intero uccellino dal piumaggio verde e giallo.
Caschetto di maglina di paglia cucita color biscotto guarnito da foglie e nocciole (Entrambi Coll. Gallia e Peter).

Black toque in fine-woven sewn straw, trimmed with a large, apple-green chintz bow and a complete bird with green and yellow plumage.
Casquette in fine-woven sewn straw, biscuit colour, trimmed with leaves and nuts (Both Coll. Gallia and Peter).

Acquarello di Brunetta con dedica autografa alla Gallia e Peter.

Watercolour by Brunetta with a dedication to Gallia and Peter.

Berretto di feltro formato da due ali, in feltro opaco e in feltro flamand, ora di moda anche per il cappello da uomo; di lato, un uccellino. Un modello Gallia e Peter portato, nella versione di Madame Vernier, da Margot Fonteyn e ora al Museum of Costume di Bath.
(Coll. Gallia e Peter).

Felt beret hat formed of two brims, in opaque felt and flamand felt, then in fashion for the men's hat as well; on the side is a small bird. A Gallia and Peter model that was worn, in Madame Vernier's version, by Margot Fonteyn; it is now at the Museum of Costume of Bath.
(Coll. Gallia and Peter).

Toque nera di velluto di seta che ricorda il copricapo del torero e il suo abito, lo scintillante traje de luces, sia nella forma che nel prezioso ricamo in perle, jais e pietre dure. Veletta nera con applicazioni in ciniglia e lamé (Coll. privata).

Black toque in black silk velvet that recalls the toreador's hat and his dress, the scintillating traje de luces, both as regards shape and the beautiful embroidery with pearls, jais and hard stones. Black veil with chenille and lamé additions (Private collection).

Maglina di paglia cucita nera dal bordo ondulato che si ripiega, trattenendolo, verso il sotto ala di velluto rosso. E' un classico di quest'anno: il numero di giugno di Vogue riporta in copertina un cappello di Lilly Daché a cupola bassa e grande ala nè piatta nè curva.
Piccola toque di maglina di paglia cucita nera; l'orlo, il nodino piatto e i cigolini sono di velluto. E' firmata Christian Dior (Entrambi Coll. Gallia e Peter).

Fine-woven sewn straw, black, with a wavy edge that is folded and held towards the red velvet underbrim. A classic model of that year: the June number of Vogue had, on the cover, a hat by Lilly Daché with low crown and wide brim, neither flat nor curved.
Small oval toque in black, fine-woven straw; the edging, the flat knot and other decorations are in velvet. By Christian Dior (Both Coll. Gallia and Peter).

Due preziosi cerchietti per la Scala, uno nero, a 3 punte, ricamato in jais a guarnito da due crosses, nera e rosa, di uccello del paradiso. L'altro, di velluto, è ricamato in jais blu marin e perle pastello; se di un lato, tre tagli a virgola e crosse blu di piume di uccello del paradiso.
(Entrambi Coll. Gallia e Peter)

Two precious hairbands for La Scala, one black and three-pointed, embroidered in Jais and trimmed with two crosses, black and pink, of bird-of-paradise. The other, velvet, is embroidered in ultramarine jais and pastel pearls; on one side there are three comma-shaped cuts and a blue crosse of bird-of-paradise plumes.
(Both Coll. Gallia and Peter).

Pagodina di chiffon di seta rosa pallido guarnita da un grande fiore sbocciato dello stesso tessuto (Coll. Usuelli-Borsalino).
Cerchietto di chiffon di seta verde ricoperto sulle punte da roselline di seta rosa (Coll. Usuelli-Borsalino). A Parigi Paulette propone caschetti di lillà; Thaarup, a Londra, cerchietti di edera e organza.

Small pagoda in light pink silk chiffon, trimmed with a large blossoming flower in the same fabric (Coll. Usuelli-Borsalino).
Hairband of green silk chiffon covered at the points by small pink silk roses (Coll. Usuelli-Borsalino). In Paris, Paulette offered lilac casquettes; Thaarup of London had ivy and organdie hairbands.

Foulard di velluto di seta marrone con bordo frontale di seta in tinta (Coll. Usuelli-Borsalino).
Cloche-turbante di velluto di seta verde dal bordo bombato rivestito di penne di uccello del paradiso.
(Coll. Gallia e Peter).

Foulard in brown silk velvet with front edging in matching silk (Coll. Usuelli-Borsalino).
Cloche-turban in green silk velvet with bombe edge, covered in bird-of-paradise feathers (Coll. Gallia and Peter).

Grande paglia di Firenze intrecciata, nera, con larga ala
che al centro presenta una piega piatta sormontata da due
coutéaux (Coll. Usuelli-Borsalino).

*Large black hat in woven Florentine straw, with a wide
brim having a flat fold in the centre, surmounted by two
couteaux (Coll. Usuelli-Borsalino).*

Toque di leopardo sormontante una fascia di velluto di seta nero drappeggiata a turbante. A Parigi Paulette tocca il vertice del suo successo e lo sa: "la griffe" è il nome che dà a un suo cappello di velluto e ocelot, quasi una zampa con tre artigli (Coll. Gallia e Peter).

Leopardskin toque on a layer of black silk velvet, turban-draped. In Paris, Paulette was at the height of her success, as she well knew: "la griffe" was the name that she gave to one of her hats in velvet and ocelot, almost a paw with three claws (Coll. Gallia and Peter).

Toque nera di velluto di seta profilata di raso; una lunga penna di uccello del paradiso color albicocca chiaro ricade lateralmente (Coll. Gallia e Peter).
Toque a tamburello di velluto di seta color albicocca scuro; orlo di canneté e veletta neri (Coll. Usuelli-Borsalino).

Black toque in silk velvet, profiled with satin; on one side droops a long light apricot colour feather from a bird-of-paradise (Coll. Gallia and Peter).
Tamburine-toque in dark apricot silk velvet; edged with black canneté and veiling (Coll. Usuelli-Borsalino).

Pagoda di Gilles. Tempera grigio e nero con dedica autografa alla Gallia e Peter.

Pagoda by Gilles. Grey and black tempera with autograph dedication to Gallia and Peter.

Pagoda di velluto color pesca con sotto ala in penne di struzzo; veletta e fiore di organza neri.
(Coll. Gallia e Peter).

Pagoda of peach-colour velvet with underbrim of ostrich feathers: black veil and flower in organdie.
(Coll. Gallia and Peter).

Grande cloche di velluto color prugna a cupola piatta, ala interrotta a cuore e guarnita con piume di struzzo blu che si incrociano al centro (Coll. Usuelli-Borsalino). L'ala a cuore non è proprio una novità neppure nel 1925; nel 1948 l'ha già riproposta Lilly Daché.

Large cloche hat in prune-coloured velvet with flat crown, heart-shaped brim, and trimmings of blue ostrich plumes that cross at the centre (Coll. Usuelli-Borsalino). The heart-shaped brim was not an innovation even in 1925; it had already been re-used in 1948 by Lilly Daché.

Coprichignon nero di tulle a fascia ricoperta di aigrettes.
Tamburello da chignon di velluto rosso con fascia nera
di jais annodata sul dietro a nodo piatto. Adatto anche
per la coda di cavallo, la coiffure di Brigitte Bardot.
(Entrambi Coll. Gallia e Peter).

Black bun-cover in layers of tulle covered with aigrettes.
Bun tambourine-type hat in red velvet with black layer of
jais, tied behind with a flat knot. Also suitable for the pony-
tail, Brigitte Bardot's hairstyle.
(Both Coll. Gallia and Peter).

Maglina di paglia naturale cucita, ala ovale e sotto ala, capino e nastro in canneté scozzese (Coll. Gallia e Peter).
Maglina di paglia naturale cucita, piccola ala sagomata a cuore (Coll. privata).

Natural sewn fine-woven straw, oval brim with under-brim, trimming and band in Scotch canneté (Coll. Gallia and Peter).
Natural sewn fine-woven straw, small heart-shaped brim (Private collection).

Pagliazzone fantasia rosa-nero con ala piatta a 5 strati alternati rosa-nero. Alto nastro di gros-grain di seta. (Coll. Gallia e Peter).

Decorated rough-straw hat, pink and black, with flat brim made with five layers alternating from pink to black. Wide band of silk gros-grain (Coll. Gallia and Peter).

Turbante-cuffia di velluto carta da zucchero drappeggiato intorno alla calotta a tamburello (Coll. Usuelli-Borsalino).

Turban-bonnet of sugarpaper velvet, draped around the tambourine-type calotte (Coll. Usuelli-Borsalino).

Cappellino di feltro rosso. Piccolo e giovanile ma, come i cappelli del "Minotaure" del 1933 "... rêve da fragilité et de delicatesse", di un'opinabile ingenuità. E' appena uscito "Lolita" di Nabokov (Coll. Gallia e Peter).
Turbante in rete di feltro blu con nodino di gros-grain rosso. E' la versione americana (è stato acquistato a New York nella Quinta Strada) di un quasi identico turbante di Paulette (Coll. Usuelli-Borsalino).

Red felt capeline. Small and youthful but, like the hats of the 1933 "Minotaure" ...rêve de fragilité et de delicatesse", of debatable candour. Nabokov's "Lolita" had just come out (Coll. Gallia and Peter).
Turban in blue mesh netting with red gros-grain knot. The American version (bought in New York on Fifth Avenue) of an almost identical turban by Paulette (Coll. Usuelli-Borsalino).

Pagodina con ala di aigrettes intrecciate e fissate su di una
calotta di raso color sabbia.
Pagodina di penne di struzzo nere guarnita da una fibbia
di strass al centro. Di Biki.
(Entrambi Coll. Gallia e Peter).

*Pagodine with brim of interwoven aigrettes, fastened to a
calotte of sand-colour satin.*
*Pagodine of black ostrich feathers, trimmed with a glass-
beaded buckle at the centre. By Biki.*
(Both Coll. Gallia and Peter).

Pagoda di velluto di seta nero drappeggiato; straordinaria guarnizione di uccello del paradiso completo dei suoi due ciuffi laterali di magnifiche penne (Coll. Gallia e Peter).

Pagoda of black draped silk velvet; extraordinary decoration with a bird-of-paradise, complete with its two lateral tufts of magnificent feathers (Coll. Gallia and Peter).

Pagoda di maglina di paglia naturale cucita, in due tonalità di verde e marrone; cupola senza fondo da cui fuo-
riesce un foulard di chiffon di seta annodato sul capo e
sul collo (Coll. Gallia e Peter).

*Pagoda in fine-woven natural sewn straw, in two shades
of green and brown; open crown from which emerges a
silk chiffon foulard knotted on the head and neck (Coll.
Gallia and Peter).*

I cappelli della collezione Molyneux del 1940 erano piatti, a cupola schiacciata, grandissimi. Ma non quanto questo, creato in un solo pezzo dai cappellai della Borsalino per Giovanna Usuelli-Borsalino in occasione del centenario dell'azienda. E' in feltro di coniglio nero ed è largo quasi 60 cm (Coll. Usuelli-Borsalino).

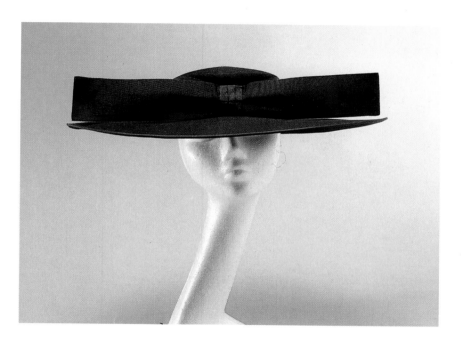

The hats of the 1940 Molyneux collection were flat, with a flattened crown, and very large. However they were not as large as this, made in a single piece by the hatters of Borsalino for Giovanna Usuelli-Borsalino, on the occasion of the company's centenary. In black rabbit felt, it is almost 60 cm. wide (Coll. Usuelli-Borsalino).

Toque a colbacco di feltro color panna a pelo lungo guarnita da un gallone di passamaneria, bottoncini e nappa di seta. Adattissimo al visone, status symbol di un'irresistibile ascesa specialmente se è firmato Jole Veneziani. (Coll. Gallia e Peter).

Russian-style toque in long-hair cream-coloured felt, decorated with braid trim, buttons and silk tassel. Highly suitable for wearing with mink, this is an enticing status symbol, especially when signed Jole Veneziani. (Coll. Gallia and Peter).

Calottone, quasi una corona, di tulle malines color turchese con bordo rivestito di aigrettes di identico colore. Spilla di margherite di turchesi e strass.
(Coll. Gallia e Peter).

Large calotte, almost a crown, of turquoise tulle malines with edging covered in aigrettes of the same colour. Pin of turquoise and glass bead daisies (Coll. Gallia and Peter).

E' l'anno della rivoluzione inglese di Mary Quant. Che, nel suo Bazaar in King's Road, vende cuffioni vittoriani, cappelli da fantino, cappelloni da Amish. E' forse per questo motivo che, in Italia, si manifesta, nei cappelli, un gusto per la grande tradizione artistica del passato.
(Coll. Gallia e Peter).

This was the year of Mary Quant's revolution in England. From her Bazaar in King's Road, she sold Victorian bonnets, jockey caps, and Amish hats. Perhaps this is the reason for a taste, as regards hats in Italy, for the great artistic tradition of the past (Coll. Gallia and Peter).

Grande basco di tulle bianco rivestito di garza di seta bianca e di rete nera che si arriccia lungo il bordo dell'ala rialzata. Lateralmente, una rosa di seta.
(Coll. Gallia e Peter).

Large beret of white tulle covered in white silk gauze and black net, pleated along the edge of the raised brim. On the side is a silk rose (Coll. Gallia and Peter).

Ballon di velluto di seta nero impunturato (Coll. Usuelli-Borsalino).

Ballon in black, backstitched silk velvet (Coll. Usuelli-Borsalino).

Il ballon può diventare un basco sofisticato (Coll. Gallia e Peter).

The ballon can became a sophisticated beret (Coll. Gallia and Peter).

119

Paglia svizzera cucita, montata su crine a pieghe piatte
sul davanti e a spina di pesce sul dietro.
Strisce di maglina di paglia cucita montate su crine; calotta a spirale. Le strisce formano piccoli riccioli.
(Coll. Gallia e Peter).

*Sewn Swiss straw, mounted on haircloth that is flat-folded
at the front and in a herring-bone pattern behind.
Strips of sewn fine-woven straw mounted on haircloth;
spiral calotte. The strips form small curls.
(Coll. Gallia and Peter).*

Cloche chiusa con calotta molto alta in raso di seta marrone, firmata Givenchy; è una forma molto amata anche da Otto Lucas (Coll. Usuelli-Borsalino).
Caschetto di petali verdi di raso e organza montati su tulle (Coll. Usuelli-Borsalino).

A cloche hat surmounted by a very high calotte in brown satin, by Givenchy: a shape that was much loved also by Otto Lucas (Coll. Usuelli-Borsalino).
Casquette of green petals of satin and organdie, mounted on tulle (Coll. Usuelli-Borsalino).

Grande Pamela di organza color cognac a cupola alta,
ampia ala spiovente a balze doublées.
(Coll. Gallia e Peter).

Large pamela-type cloche hat in cognac-colour organza,
with high crown, and wide drooping brim with doublée
flounces (Coll. Gallia and Peter).

Cagoule di penne di gallo nere montate su seta.
Casco di penne di gallo nere montate su tulle.
(Entrambi Coll. Gallia e Peter).

Cagoule of black cock feathers mounted on silk.
Casque of black cock feathers mounted on tulle.
(Both Coll. Gallia and Peter).

Cloche "a paralume": calotta di velluto di seta nero imputurato, ala drappeggiata di raso di seta, grande rosa nera (Coll. Gallia e Peter).

"Lampshade" cloche: calotte in black backstitched silk velvet, brim draped with satin, large black rose (Coll. Gallia and Peter).

Cagoule di renna color primula foderata di jersey di lana; al di sopra, colbacco di rat musqué nero lavorato a visone (Coll. Gallia e Peter).

Reindeer cagoule of primula colour, lined in jersey; above is a Russian style hat of black muskrat, mink-worked. (Coll. Gallia and Peter).

Cloche-turbante a strisce di moire di seta sfrangiate e montate a diadema di fiori sbocciati (Coll. Usuelli-Borsalino).

Cloche-turban in strips of fringed moire silk, mounted with a diadem of blossoming flowers (Coll. Usuelli-Borsalino).

Cloche nera di tulle malines; la calotta, di veletta, è drappeggiata a spirale; ricadendo sull'ala, la veletta crea un insolito effetto di trasparenza e, insieme, di allusiva riservatezza (Coll. Gallia e Peter).

Black cloche hat of tulle malines; the calotte, of veil, is spirally draped, and falling on the brim, it creates an unusual effect of transparency and, at the same time, of allusive reserve (Coll. Gallia and Peter).

Cloche di velluto di seta nero con grande ala ricamata, a colori, a motivo di penna superiormente e, nella parte inferiore, rivestita di raso impunturato.
(Coll. Gallia e Peter).

Cloche of black silk velvet with large brim embroidered in various colours, with a feather motif above, and below, a covering of backstitched satin (Coll. Gallia and Peter).

131

Cloche in taffetas azzurro pervinca, cupola piatta e ala a tre balze sfrangiate (Coll. Usuelli-Borsalino).

Cloche hat in periwinkle-blue taffetas, with flat crown and brim with three fringed flounces (Coll. Usuelli-Borsalino).

Foulard di organza nera; i lunghi ciuffi di piume di struzzo applicati sul nastro e le gocce di velluto nero applicate sul foulard alludono alla ruota del pavone.
(Coll. Gallia e Peter).

Foulard of black organdie: the long sprays of ostrich plumes applied to the band and the black velvet drops on the foulard allude to the peacock's tail (Coll. Gallia and Peter).

Severo, monocolore il colbacco della "Signora Titta Elisa Guidacci" dipinto da Lega nel 1887, però non dissi-
mile, nella forma, da questo (Coll. Gallia e Peter).

*The Russian-style hat in "Signora Titta Elisa Guidacci",
painted by Lega in 1887, is severe and monochrome, but
in shape it is not unlike this one (Coll. Gallia and Peter).*

Cloche Borsalino in feltro velour color glicine (Coll.
Usuelli-Borsalino).
"Onci" Borsalino di feltro color lilla chiaro. E' un modello
in produzione dal 1939, un basco senza limiti di età (Coll.
Usuelli-Borsalino).

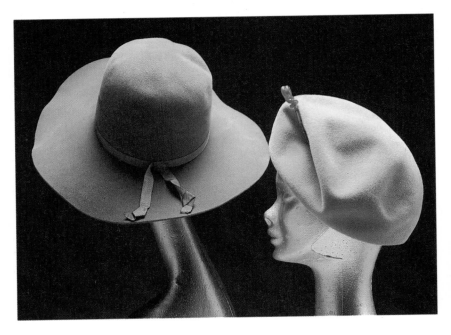

*A Borsalino cloche hat in violet velour felt (Coll. Usuelli-
Borsalino).
Borsalino "Onci" in light lilac-colour felt. This was a mo-
del in production from 1939, a beret with no age-limits
(Coll. Usuelli-Borsalino).*

Cloche Borsalino in nappa nera impunturata (Coll. Usuelli-Borsalino).
Basco in nappa rossa sagomato sulla cupola (Coll. Gallia e Peter).
Cuffietta di pelle nera con interno di panno Lenci rosso (Coll. Gallia e Peter).

Borsalino cloche hat in backstitched soft black leather (Coll. Usuelli-Borsalino).
Beret in soft red leather, profiled on the crown (Coll. Gallia and Peter).
Black leather bonnet with red Lenci cloth lining (Coll. Gallia and Peter).

Cloche tipo Pamela in organza di seta beige rosato; l'ala
è ricoperta di petali di organza doppiata.
(Coll. Gallia e Peter).

*Pamela-type cloche hat in rose-beige silk organdie: the
brim is covered in doubled organdie petals.
(Coll. Gallia and Peter).*

Turbante di seta bianca firmato Biki. Creato dalla première Ada, il turbante è quasi il simbolo della Casa Biki. Il lancio di uova sulle pellicce da gran sera e sulle Rolls Royce di chi si reca alla prima della Scala chiude un'epoca dell'alta moda e della Milano della Biki e di Jole Veneziani.
Delle grandi eleganze firmate, dei fasti e delle feste.
(Coll. Gallia e Peter).

White silk turban by Biki. Created by the première Ada,
the turban is almost Biki's trade-mark.
The throwing of eggs at the evening furs and Rolls-Royces
of those arriving at the opening of La Scala's opera season
ended an era, of high fashion and of the Milan created by
Biki and Jole Veneziani. It closed the epoch of great
elegance and great designers, opulence and parties.
(Coll. Gallia and Peter).

Due cloches-turbante in aigrettes montate su tulle. Sono la versione in piume del colbacco di pelliccia, sempre più di moda anche in seguito alla rivoluzione di pelliccia, operata, in pelliccceria, dalle Fendi-Lagerfeld che quest'anno, per la prima volta, presentano la loro collezione smitizzante a Palazzo Pitti (Coll. Gallia e Peter).

Two cloche-turbans in aigrettes mounted on tulle. They are the plumed version of the Russian-type hat, increasingly in fashion partly due to the revolution in furs brought about by Fendi-Lagerfeld who, in that year, presented their down-to-earth collection at Palazzo Pitti.
(Coll. Gallia and Peter).

LA PAROLA AL COLLEZIONISTA

Sono l'erede di una dinastia di modiste famose; già la mia bisnonna Lalla confezionava cappelli a Torino per le Dame di Corte e per la Regina Margherita, mia nonna Mariuccia scelse di continuare il proprio lavoro a Milano in Via Montenapoleone dove si trasferì e fondò la "Gallia & Peter" che in seguito passò a mia madre.

Ora ci sono io a credere nella passione di famiglia ed ogni giorno creo pezzi unici che completano ed accessoriano gli abiti delle mie clienti e dei defilés più importanti.

Ho collaborato con grande piacere a questo libro, per dare modo ai lettori di conoscere la storia del cappello attraverso i modelli da me collezionati e con l'obiettivo di sottolineare l'importanza e la durata nel tempo dell'arte di "fare modisteria". Sono sicura che questo libro, il primo in Italia sull'argomento, risveglierà l'interesse di tutti gli appassionati che, come me, credono nel copricapo come qualcosa di più di un semplice accessorio.

Laura Marelli

A WORD FROM THE COLLECTOR

I am a descendant of a dynasty of famous stylist: my great-grandmother Lalla produced hats in Turin for the Ladies of Court and for Queen Margherita; my grandmother Mariuccia chose to continue this profession, moving to Milan, in Via Montenapoleone, where she founded Gallia & Peter. This was in turned passed on to my mother.

Today, I myself have inherited this family passion, and every day I create unique models that complete my clients outfits and which feature as accessories in top fashion shows. My collaboration in the production of this book has given me great pleasure: the volume will give readers a chance to learn the history of the hat by means of the models that I have collected, and its aim is to underline the lasting importance of fashion millinery.

I am sure that this book, the first to be published in Italy on this subject, will win the interest of all fashion enthusiasts who believe, as I do, that the hat is more than just a simple accessory.

Laura Marelli

GLOSSARIO

Aigrettes - Penne di airone.
Ala - Parte inferiore della cupola; sinonimi: tesa, falda.
Ballon - Copricapo a forma di palloncino.
Basco - Berretto floscio, senza tesa, con o senza pippolo al centro.
Berretto - Copricapo senza tesa, con o senza visiera.
Burlone - Nel gergo delle modiste, rotolo che circonda la cupola.
Cagoule - Cappuccio che, come un passamontagna, ricopre anche il collo.
Calotta - In Italia, piccolo berretto rotondo che ricopre la sommità del capo; lunga fino alla fronte, corrisponde alla cloche francese. Può essere sinonimo di cupola.
Calottone - Grande calotta che non aderisce al capo e con bordo variamente ornato e rivestito.
Capote - Cappellino; di solito tutto o in parte di forma più o meno ovale.
Caschetto - Copricapo che ricopre tutta la testa aderendovi.
Cigolini - Rotolini cilindrici di tessuto usati come guarnizione.
Cloche - In Italia, cappello di forma a campana con ala spesso anche grande e spiovente. In Francia, soprattutto negli Anni Venti, piccolo cappello molto aderente, spesso con piccola ala rialzata, calzato fino alle sopracciglia.
Colbacco - Copricapo cilindrico o svasato in alto, ricoperto di pelo. Per analogia, cappello di pelliccia di forma simile al colbacco asiatico.
Couteaux - "Coltelli", penne sottili e piatte di solito applicate in coppia.
Cupola - Parte del cappello che aderisce al capo, più o meno a forma di tronco di cono.
"Forme fendue" - Cappello che presenta una sagomatura ad incavo al centro della cupola.
Foulard - Tessuto applicato e un nastro frontale annodato sotto il mento o alla nuca.
Magiostrina - Cappello di paglia a cupola e ala piatte; sinonimo: canottiera.
Marinara - Copricapo ad ala alta e rialzata.
Pagoda - Cappello di forma quasi triangolare.
Pamela - Cappello con ala leggermente ricurva e spiovente anche verso la nuca; dal nome della protagonista dell'omonimo romanzo di Richardson (1741).
Toque - Alle origini berretto alto, senza tesa, con cupola a pieghe. Ora, cappellino senza ala con cupola di solito bassa e più o meno rigida.
Tricorno - Cappello la cui ala risulta schiacciata in modo da creare tre corni.
Turbante - Copricapo orientale formato da una striscia di tessuto più volte avvolta intorno alla testa. In modisteria, il tessuto è di solito avvolto intorno a una calotta.

Volumi pubblicati/ *Volumes published*

N° 1   Le sportive d'epoca / *Classic sports cars*

N° 2   La calzatura: storia e costume / *Footwear history and customs*

N° 3   L'orologio da polso / *The wristwatch*

N° 4   I ferri da stiro / *Flat-irons*

N° 5   Chiavi e serrature / *Locks and keys*

N° 6   Le fisarmoniche / *Piano-accordions*

N° 7   Maria Callas / *Maria Callas*

N° 8   Amuleti egizi / *Egyptian amulets*

N° 9   Fonografi e grammofoni / *Phonographs and gramophones*

N° 10   Manifesti frivoli / *Popular posters*

N° 11   L'orologio da tasca / *Pocket watches*

N° 12   I cavatappi / *Corkscrews*

N° 13   I giochi di carta / *Card games*

N° 14   La radio / *Wireless sets*

N° 15   I ventagli / *Paper fans*

N° 16   Alessandro Volta / *Alessandro Volta*

N° 17   Islam nelle stampe / *Islam in prints*

N° 18   I menu famosi / *Famous menus*

N° 19   Macchine da cucire / *Sewing machines*

N° 20   Gli occhiali / *Spectacles*

N° 21   Il cappello da uomo / *Men's hats*

N° 22   Orologi da tavolo / *Table clocks*

N° 23   I soldatini d'autore / *Model soldiers*

N° 24   La bicicletta / *The bicycle*

N° 25   Le canzonette / *Popular songs*

N° 26   Borse e valigie / *Bags and suitcases*

N° 27   Auto a molla / *Clockwork cars*

N° 28   I fiammiferi / *Matchboxes*

N° 29   Moto giocattolo / *Toy motorcycles*

N° 30   Il Cappello da donna / *Women's hats*

N° 31   I Telefoni / *Telephone sets*

N° 32   Gli ombrelli / *Umbrellas*

N° 33   Divina India / *Sacred India*

N° 34   Schiaccianoci / *Nutcrackers*

N° 35   Presepi nel mondo / *Nativity scenes worldwide*

N° 36   Macchine da caffè / *Coffee makers*

N° 37   Kris gli invincibili / *Invincible krises*

N° 38   Gli acciarini / *Fire-steel*

N° 39   Profumi mignon / *Miniature perfume bottles*

N° 40   Lattine di birra / *Beer-cans*

N° 41   Accendini / *Lighters*

N° 42   Pettini ornamentali / *Ornamental hair combs*

N° 43   Salvadanai / *Piggy banks*

N° 44   Macchine fotografiche / *Cameras*

N° 45   Anatre da richiamo / *Duck decoys*

N° 46   Penne Stilografiche / *Fountain pens*

Finito di stampare
nel mese di Giugno 1994